AF586338

NAPOLÉON III

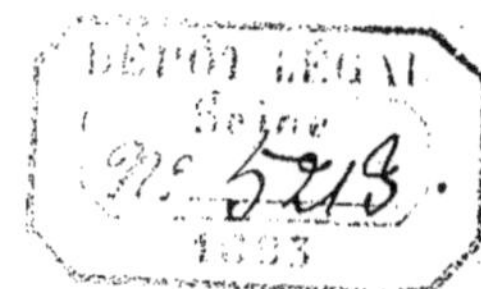

SES SERMENTS

« En présence de Dieu et des hommes, je jure de
« rester fidèle à la République démocratique. »

SON CRIME DU 2 DÉCEMBRE

« L'Assemblée nationale est dissoute; l'état de siège
« est proclamé.

« Décret du 2 décembre. *Signé :* Napoléon. »

SES COMPLICES

« Je ferais fusiller tous les représentants si le succès
« du coup d'État rendait leur mort nécessaire.

« *Signé :* Morny » (frère et ministre de Napoléon).

LES COMMISSIONS MIXTES

Ils sont assis dans l'ombre et disent : nous jugeons;
Ils peuplent d'innocents les geôles, les donjons
Et les pontons.

LEURS VICTIMES

Vive la grande République!
Nous sommes torturés et nous sommes contents
D'avoir été choisis pour souffrir, en ce temps
Où tous ceux qui n'ont pas la souffrance ont la hon
Souffrons! le crime aura son tour.

LOUIS-NAPOLÉON ET SES SERMENTS

Napoléon III n'était point un Bonaparte Il était enfant adultérin d'un Hollandais, l'amiral Verhuël et de Hortense Beauharnais, femme de Louis Bonaparte, roi de Hollande. Il n'était donc ni prince, ni Bonaparte.

Sa mère l'éleva dans l'idée fixe de devenir empereur. Comme moyen de succès elle lui enseigna surtout la dissimulation. Lui, faible, rêveur pratiqua l'enseignement de sa mère.

Il ne cessa de conspirer. En 1835, il provoqua la garnison de Strasbourg à la révolte; il fut arrêté. Alors il sollicita le pardon du roi Louis-Philippe ; il en accepta sa grâce et 16,000 fr. et partit en Amérique; laissant ses dupes et ses complices aux condamnations qui les attendaient.

En 1840, il essaya, à Boulogne, une autre révolte, De sa main, il tua dans le rang, un soldat inoffensif. Il s'enfuit, fut arrêté et condamné. Détenu au fort de Ham, il s'en échappa déguisé en maçon.

Dès lors, il compta moins sur une révolte militaire. Il continua à conspirer, mais il se prétendit démocrate, socialiste; il rechercha les bonnes grâces des républicains; il réussit à en tromper quelques-uns. Il publia des livres, de nombreux articles de journaux. C'est à cette époque, avant 1848, qu'il écrivait, dans le *Journal du Loiret :* « Je n'ai jamais cru, je ne croirai jamais que la France soit « l'apanage d'un homme ou d'une famille. Je n'ai jamais revendiqué « *d'autres droits* que ceux de *citoyen français*. »

Le 25 février 1848, il écrivit au Gouvernement Provisoire : « J'arrive de l'exil pour me ranger sous le drapeau de la République, « sans autre ambition que celle de servir mon pays. »

Peu après, candidat à la députation, il disait dans sa profession de foi, aux électeurs du Pas-de-Calais :

« La République démocratique sera l'objet de mon culte; j'en serai le prêtre. Jamais je n'essayerai de m'envelopper de la pourpre impériale... Que je sois condamné aux gémonies le jour où, coupable et traître, j'essayerais de porter une main sacrilège sur les droits du peuple, soit de son aveu en le trompant, soit contre son aveu par la force et par la violence. »

Elu député il fit, le 28 septembre, à la tribune de l'Assemblée Nationale, la déclaration volontaire suivante : « La République m'a « rendu ma patrie et mes droits de citoyen ; elle m'a fait ce bon- « heur. Que la République reçoive mon serment de dévouement et « de reconnaissance. Nul ici n'est plus que moi résolu à se dé- « vouer à l'affermissement de la République. »

Candidat à la présidence de la République, il publia dans son manifeste les promesses suivantes ; « Je ne suis pas un ambitieux qui

« rêve l'empire. Si j'étais élu président, je me dévouerais tout « entier, sans arrière pensée, à l'affermissement de la République. Je « mettrais mon honneur à laisser, au bout de quatre ans, à mon « successeur, la liberté intacte. La République doit avoir foi dans « son avenir. »

Le 20 décembre 1848, Louis-Napoléon, élu président de la République Française, monta à la tribune de l'Assemblée nationale, et prêta le serment suivant :

« En présence de Dieu et du Peuple Français, représenté par l'Assemblée Nationale, je jure de rester fidèle à la République démocratique, une et indivisible, et de remplir tous les devoirs que m'impose la Constitution. » De son plein gré il ajouta : « Je remplirai en homme d'honneur mon devoir tracé par le serment que je viens de prêter. Je regarderai comme ennemis de la patrie tous ceux qui tenteraient, par des voies illégales, de changer la forme du gouvernement. »

En vingt-deux circonstances, il promit, il jura de maintenir la République. Mais ses promesses, ses serments « devant Dieu et devant les hommes, » servaient à détourner les soupçons, à tromper les bonnes gens, à favoriser sa conspiration permanente contre les lois.

CRIME DU 2 DÉCEMBRE 1851

Dans la nuit du 1er au 2 décembre 1851, Napoléon réunit ses complices au palais de l'Elysée. Là, il leur annonça que le moment était venu de renverser la République, qu'il avait tant de fois juré de maintenir; de violer les lois que comme président il était payé pour défendre.

« L'instant est bon; la République
« Dort avec mes nombreux serments pour oreiller.
« Cette nuit vont surgir mes projets invisibles.
« Les Saint-Barthélemy sont encore possibles.
« Paris dort comme au temps de Charles de Valois;
« Vous allez dans un sac mettre toutes les lois,
« Et par-dessus le pont les jeter dans la Seine. »

Il avait devant lui trois paquets cachetés. Il donna, à Morny, le premier contenant sa nomination de ministre de l'Intérieur et 500,000 francs; à Maupas, préfet de police, le deuxième, contenant la même somme et une liste de 78 citoyens à arrêter arbitrairement dans la nuit même; parmi eux, 16 représentants du peuple, des généraux, des journalistes, d'autres citoyens influents et résolus.

Deux échappèrent à la police, Deluc et J. B. Bocquet. Le troisième paquet, le plus volumineux, fut remis au général Leroy dit de Saint-Arnaud ; il contenait 2 millions, dont 500,000 francs pour le ministre du crime et le reste pour être distribué à tous les militaires sous ses ordres; aux généraux de division 10,000 francs; aux généraux de brigade 6,000 francs; aux colonels 2,000 francs; et ainsi de suite jusqu'aux soldats qui reçurent 5 francs; mais les soldats qui sous les ordres de Canrobert stationnaient autour de l'Élysée, eurent 10 francs chacun et le tabac, l'eau-de-vie à volonté.

Tous ces millions d'où venaient-ils ?

Napoléon était sans le sou; perdu de dettes; ruiné à tout jamais, s'il quittait la présidence au moment voulu par la loi. Tous ses complices, dévorés de dettes, de besoins et de passions le poussaient au crime qui leur livrait la France et ses trésors.

Il fallait de l'argent, beaucoup d'argent; comme un à-compte des pillages futurs au cas de succès; comme une ressource nécessaire au cas où le coup d'Etat échouant, ces scélérats n'auraient plus qu'à fuir à l'étranger pour échapper au châtiment de leur crime avorté.

Une troupe de police fut donc envoyée à la Banque de France; vingt-cinq millions y furent pris; apportés à l'Elysée et livrés à l'avidité des coquins, accourus dans le repaire du complot. Ils se ruèrent sur les rouleaux d'or.

Le 2 décembre, Napoléon fit publier ce décret criminel :

« L'Assemblée nationale est dissoute. Le Conseil d'Etat est dissous. L'état de siège est décrété. »

Signé : Louis Napoléon. Contresigné : Morny.

« Je ferais fusiller tous les représentants du peuple, si le succès « du coup d'Etat rendait leur mort nécessaire. Nous déporterons en « Afrique vingt mille républicains. »

Signé : Morny.

Ce Morny, frère adultérin de Napoléon; sous Louis-Philippe, député aux gages des maîtres d'esclaves de nos colonies; publiquement entretenu par une femme mariée, Mme Lehon, fut ministre de l'Intérieur, le complice et l'agent le plus ardent du crime du 2 décembre.

ORDRE AUX GÉNÉRAUX :

« Tous ceux qui résistent doivent être fusillés. »

Signé : Saint-Arnaud, ministre de la guerre.

Or, résister au coup d'Etat c'était défendre la Constitution, dont l'article 110 était ainsi conçu :

« L'Assemblée Constituante confie la présente Constitution et les droits qu'elle consacre à la garde et au patriotisme de tous les Français. »

Debout! les régiments sont là dans les casernes
Sac au dos, abrutis de vin et de fureur,
N'attendant qu'un bandit pour en faire un empereur.
Cavaliers, fantassins, sortez!
Sus aux représentants! Soldats, liez de cordes
Vos généraux jetés dans la cage aux forçats!
Poussez, la crosse aux reins, l'Assemblée à Mazas!
Les tribuns pour le droit luttent; qu'on les égorge.
Frappez! tuez Baudin! tuez Dussoubs! tuez!
Que fait hors des maisons ce peuple? Qu'il s'en aille.
Soldats, mitraillez-moi toute cette canaille!
Feu! feu! Tu voteras ensuite, ô peuple roi!
Sabrez le droit, sabrez l'honneur, sabrez la loi!
Que sur les boulevards le sang coule en rivières!
Du vin plein les bidons! Des morts plein les civières!
Qui veut de l'eau-de-vie? En ce temps pluvieux
Il faut boire. Soldats, fusillez-moi ce vieux.
Tuez-moi cet enfant. Qu'est-ce que cette femme?
C'est la mère! Tuez-la.
Victoire! Venez voir les cadavres, mesdames,
Où sont-ils? Sur les quais, dans les cours, sous les ponts;
Sur le trottoir, au coin des portes, dans la rue
Pêle-mêle entassés, partout; dans les fourgons,
Que, vers la nuit tombante, escortent les dragons,
Convoi hideux qui vient du Champ de Mars.
O vieux mont des martyrs, hélas, garde ton nom!
Les morts sabrés, hachés, broyés par le canon,
Dans ton champ, que la tombe emplit de son mystère,
Etaient ensevelis, la tête hors de terre.
Ils étaient là, sanglants, froids, la bouche entr'ouverte,
La face vers le ciel, blêmes dans l'herbe verte,
Effroyables à voir dans leur tranquillité,
Eventrés, balafrés; tous, l'homme du faubourg,
Le riche à la main blanche,
La mère qui semblait montrer son enfant mort,
La belle jeune fille, spectres du même crime.
Il a tué, sabré, mitraillé sans remords,
Il fit la maison vide, il fit les tombes pleines.
Il marche, il va, suivi par l'œil fixe des morts;

A cause de cet homme, empereur éphémère,
Le fils n'a plus de père et l'enfant plus d'espoir,
La veuve à genoux pleure et sanglotte, et la mère
N'est plus qu'un spectre assis sous un long voile noir:
Le couteau ruisselant des rouges guillotines
Laisse tomber le sang goutte à goutte sur lui.
Pour filer ses habits royaux, sur les navettes
On mit du fil trempé dans le sang qui coula;
Le boulevard Montmartre a fourni ses cuvettes,
Et l'on teint son manteau dans cette pourpre là.

Te Deum du 1er janvier 1852

Prêtre ta messe, écho des feux de peloton,
Est une chose impie.
Derrière toi, le bras ployé sous le menton
Rit la mort accroupie.
Tu veux être au Sénat,
Soit, mais pour bénir l'homme, attends qu'on ait lavé
Le pavé de la rue.
On a tué la nuit, on a tué le jour,
L'homme, l'enfant, la femme !
Va, prodigue au bandit tes adorations;
Dieu te voit, et là haut tes bénédictions
O prêtre, sont maudites !
Vends ton Dieu, vends ton âme
Satan tient ta burette, et ce n'est pas de vin
Que ton ciboire est rouge.

PRINCIPAUX COMPLICES DU 2 DÉCEMBRE

Morny, frère adultérin de Napoléon, ministre de l'intérieur; Maupas, préfet de police; Fialin (dit Persigny); Leroy (dit Saint Arnaud), ministre de la guerre; Lawœstyne, général; Vieyra, son chef d'état-major; Magnan, commandant de l'armée de Paris; Brunot-Rouvre, Sautereau, aides-de-camp; Cornemuse, de Courson; Jarlot, Castelman, chefs d'état-major.

Carrelet, Levasseur, Korte, Renault, généraux de division. De Cotte, Bourgon, Canrobert, Dulac, Marulaz, Tartas, d'Allonville, Reybell, Sauboul, Courtigis, Herbillon, Forey et Ripert, généraux de brigade.

Garderens de Boisse, Espinasse, Guillot, de Serre, Bouart, Quilliot, Magnan, Peyssart, de la Granville, Rochefort, Gastu, Feray, O'Keffe, Chapuis, Cuny, La Motte-Rouge, Répon, Ravel, Loreton-

Dumontel, de Lourmel, Salle, Vacquant, Mavet, Couraud, Duval, d'Hugues, Négrier et Privat-Garilhes, colonels.

Commissaires de police qui violèrent les lois en arrêtant les Représentants et des milliers de citoyens à Paris. Gronfier, Lerat, Hubault aîné, Hubault jeune, Colin, Blanchet, Dourlens, Courteille, Desgranges, Primorin, Bertoglio, Boudrot, Allard, Barlet, Lemoine, Balestrino, ex-jongleur, acrobate, condamné à dix ans pour assassinat.

Abattucci, ministre de la justice redressa l'échafaud politique et fit guillotiner cinq défenseurs de la loi.

Organisateurs et directeurs de la *Société* secrète *du* 10 *décembre* qui prépara et appuya le crime du 2 décembre. Géneraux : Pyat, Husson et Bar; Abattucci père et fils. Laloue, directeur de la prison de Saint-Denis; Bésuchet, inspecteur des prisons; Briffaut, Lemulier, représentants; Detaliencourt, Bonjean, avocats, le docteur Conneau, l'abbé Orsini, Collix, Col, secrétaire. Cette société avait une succursale : *La société de l'ordre,* dont le président était le général Excelmans. Les membres de ces sociétés se distinguèrent par leurs violences lors des ignobles scènes de la place du Havre; ils aidèrent la police lors des arrestations nocturnes du 2 décembre. Ils firent un grand nombre de dénonciations.

Dans les départements aussi, des sociétés secrètes avaient été organisées pour y aider au triomphe du crime de décembre. Les affiliés de ces sociétés criminelles, après avoir dénoncé, arrêté les défenseurs de la loi ou ceux qu'ils haïssaient, se répandaient armés dans les campagnes, dans les bois pour y traquer ceux qui fuyaient.

COMMISSIONS MILITAIRES

Napoléon avait donné à Leroy (dit Saint-Arnaud), l'ordre de massacrer, subitement, sans combat, les passants sur les boulevards de Paris; les habitants renfermés dans leur maison; de fusiller la nuit dans les prisons, au Champ de Mars, les citoyens arrêtés arbitrairement: de tuer partout dans les rues. Il voulait terroriser Paris. Plus de deux mille personnes, femmes, enfants, vieillards périrent ainsi. Mais les massacres n'avaient pas détruit tous les républicains, il voulut les extirper de Paris, de la France.

Il créa une COMMISSION CENTRALE d'exil, de transportation, dont les ravages s'étendirent à la France entière. Les membres en étaient : Courson, colonel; Mazel de Goulot, lieutenant-colonel; Guillot, intendant militaire; Séneca, directeur au ministère de la justice; Conti, secrétaire-général au même ministère; Dupuis, chef de l'administration départementale; Lainé, comptable à l'intérieur; Tonnet, directeur à la police : Mététal, employé à la police. Au-dessus de ces exécuteurs planent deux figures sanglantes : le général Bertrand et le juge Hatton.

Quatre tourmenteurs intitulés « Commission des grâces » parcoururent la France et portèrent la terreur et la tempête dans les familles. Espinasse, Quentin-Bauchart, Canrobert et Goyon. Ce dernier insultait les femmes arrêtées.

Ducos, ministre, exécuta avec cruauté leurs atroces décrets de transportation.

Carlier, ex-préfet de police ; Jules Bérard, Maurice Duval, furent pourvoyeurs extraordinaires en province de la transportation.

Paris l'objet de la défiance des gouvernements, Paris, victime de la haine implacable des monarchiens, fut livré par Napoléon à QUATRE COMMISSIONS militaires. Elles étaient composées ainsi qu'il suit :

1re Jouffroy, chef d'escadron ; Chépy et Régis, capitaines.

2e Bertrand, chef d'escadron ; de Brossard et Trousens, capitaines.

3e Couthaud, chef d'escadron ; de St-Sauveur et Bouvard, capitaines.

4e Massoni, chef d'escadron ; Rozier Linage et Mercier, capitaines.

Ces soldats venaient de massacrer leurs concitoyens, ils commirent un nouveau crime, plus odieux encore, peut-être : celui de les condamner en secret par milliers, à l'exil, à la transportation. Ils frappèrent plus de dix mille hommes, femmes, enfants. Presque toutes leurs victimes en moururent. En 1882, il y en avait environ 500 qui survivaient et qui furent indemnisées.

COMMISSIONS MIXTES

Longtemps après les massacres, bien après que toute résistance au crime du 2 décembre avait cessé, le 3 février 1852, Napoléon, Morny, Saint-Arnaud, Rouher, Abattucci et Persigny établirent en violation des lois, une « Commission mixte » par département, afin de déporter en Afrique vingt mille républicains.

Ces « Commissions mixtes » étaient composées d'un préfet, d'un militaire, d'un juge. Ils formaient un tribunal secret Sur des notes de police, sur des dénonciations ils condamnaient, sans les voir, sans les connaître, des citoyens, des femmes, des vieillards, des enfants aux peines suivantes, dont quelques-unes étaient inconnues à la loi : Les conseils de guerre, la transportation à Cayenne, en Algérie ; l'internement en un lieu fixé ; la police correctionnelle ; la surveillance de la police.

Ces tribunaux secrets, violateurs de toutes les lois frappèrent plus de cent mille citoyens de pénalités qui étaient pour ces malheureux et pour leur famille la ruine et très souvent la mort.

Ils sont assis dans l'ombre et disent : Nous jugeons.
Ils peuplent d'innocents les geôles, les donjons,
Et les pontons, nefs aborrhées.
Pour avoir sous son chaume abrité des proscrits
Ce vieillard est au bagne, et l'on entend ses cris.
A Cayenne, à Bône, aux galères,
Quiconque a combattu cet escroc du scrutin
Ils ont frappé l'ami des lois; ils ont flétri
La femme qui portait du pain à son mari,
Le fils qui défendait son père;
Le droit! on l'a banni; l'honneur? on l'exila.
Cette justice là sort de ces juges là.

Hymne des transportés.

Ces femmes qu'on envoie aux lointaines Bastilles,
Peuple, ce sont tes sœurs, tes mères et tes filles!
O peuple, leur forfait c'est de t'avoir aimé!
On nous jette à Cayenne, à l'Afrique, aux sentines,
Souffrons! le crime aura son tour.
Comme un archer frappe une cible,
L'implacable soleil nous perce de ses traits :
Après le dur labeur, le sommeil impossible;
Cette chauve-souris qui sort des noirs marais,
La fièvre bat nos fronts de son aile invisible.
Souffrons! le crime aura son tour.
On a soif, l'eau brûle la bouche.
On a faim, du pain noir; travaillez, malheureux!
A chaque coup de pioche en ce désert farouche
La mort sort de la terre avec un rire affreux.
Prend l'homme dans ses bras, l'étreint et le recouche.
Souffrons! le crime aura son tour!
Vive la grande République!
Nous sommes torturés et nous sommes contents
D'avoir été choisis pour souffrir dans ce temps
Où tous ceux qui n'ont pas la souffrance ont la honte.
Souffrons! Le crime aura son tour!

(*Châtiments*, par VICTOR HUGO).

Nous n'avons pas donné, ne les ayant point trouvés, les noms des membres des « commissions mixtes » de certains départements; peut-être ceux-ci n'avaient-ils pas eu ces inquisiteurs.

Les départements marqués d'une astérisque (*), ont été mis en *état de siège* au 2 décembre; c'est dire que les soldats, selon un préjugé sauvage, se sont cru le droit *d'y fusiller, d'y tuer.*

En 1882, la République a voté généreusement 8,500,000 francs de rente pour les victimes qui survivaient encore, Elles sont au nombre de près de 23,000. Nous en donnons le chiffre officiel par département. Si l'on multiplie ce chiffre par 5 ou 6 dans les départements agricoles ; par un chiffre plus élevé dans les grands centres industriels ; par 20 à Paris, on arrive au chiffre approximatif des victimes du crime de Napoléon et de ses complices au 2 décembre 1851.

Ain (*). — Forestier, lieutenant de gendarmerie; Favre Gilly, président du tribunal de Bourg; Peyronnet, juge; Penal, curé qui tourmenta Charlet le martyr, jusque sous le couperet du bourreau. De leurs victimes, 128 ont été indemnisées.

Aisne. — 23 victimes indemnisées.

Allier (*). — De Charnailles, préfet; Foucheux, général; Delesvaux, procureur.

Membres du conseil de guerre qui ont condamné à mort sept défenseurs de la loi : Delasserre, lieutenant-colonel, président; Puja de Lafitol, conseiller; Pillard, chef d'escadron; Desmé de Lisle, capitaine; Casse, lieutenant; Bernat, sous-lieutenant; Boutron, sergent-major; Fillaire, greffier; Burtin, capitaine-rapporteur. 706 victimes ont été indemnisées.

Alpes (Basses) (*). — De Bouville, préfet; Lemaire, général; Prestat, procureur. 1463 victimes viennent d'être indemnisées.

Alpes (Hautes). — Rabier du Villers, préfet; de Baillencourt, colonel; Vincendon, procureur. 84 victimes furent indemnisées.

Ardèche (*). — De Saussure, puis Henri Chevreau, préfets; Faivre, général; Dhondin, substitut. 465 victimes indemnisées.

Ardennes. — Foy, préfet; Berryer, général ; Berry, procureur. 123 victimes ont été indemnisées.

Ariège. — Edmond Didier, préfet ; Herlinger, colonel; Colomb de Batinel, procureur. 54 victimes indemnisées.

Aube (*). — Petit de Bantel, préfet; Gauthier de Laverderie, général ; Géry, procureur. 117 de leurs victimes ont été indemnisées.

Aude. — Edmond Dugué, préfet ; Gillan, général; Blaja, procureur ; ont exilé un enfant de sept ans. 157 de leurs victimes furent indemnisées.

Aveyron (*). — Flachaire, préfet ; de Sparre, général ; de Vérot, procureur. 159 de leurs victimes indemnisées.

Bouches-du-Rhône. — De Suleau, préfet; Hecquet, général; Dubeux, procureur. 575 de leurs victimes ont été indemnisées,

Calvados. — Pierre Leroy, préfet; Chateric-Lafosse, général; Mabire, avocat général. 4 victimes indemnisées.

Cantal. — Bourlon de Rouvre; Dubois, substitut; Massias, lieutenant de gendarmerie. 5 victimes indemnisées.

Charente. — 16 victimes indemnisées.

Charente-Inférieure. — 14 victimes indemnisées.

Cher (*). — de Baral, préfet; de Mortemart, général; Corbin, procureur général. 384 de leurs victimes indemnisées.

Corrèze. — 19 victimes indemnisées.

Corse. — Une victime indemnisée.

Côte-d'Or (*). — Debry, préfet; Gagnon, général; Raoul Duval, procureur général; l'évêque de Dijon, Rivet, se distingua parmi les proscripteurs. 134 de leurs victimes indemnisées.

Côtes-du-Nord. — 2 victimes indemnisées.

Creuse. — 106 victimes indemnisées.

Dordogne. — Calvimont, préfet; Poinsignon, général; Thoulouze, procureur. 50 de leurs victimes indemnisées.

Doubs. — 64 victimes indemnisées.

Drôme (*). — Ferlay, préfet; Lapène, général; Payan-Dumoulin, procureur; Cuchet, médecin, mérita le surnom de Trestaillon de Décembre. 1.319 de leurs milliers de victimes ont été indemnisées.

Eure (*). — Guyot, préfet; Drouot, chef de bataillon; Legentil, procureur; puis de Sainte Croix. 19 victimes indemnisées.

Eure-et-Loir (*). — Grouchy, préfet; Lebreton, général; Genreau, président du tribunal à Chartres. 34 de leurs victimes indemnisées.

Finistère. — Une victime indemnisée.

Gard (*). — Orilhaud, sous-préfet; Laurent, procureur; Espitalier, major; de la Brugière, Colonel de la garde nationale; Dampmartin, maire d'Uzès; Rostolan, général; Collet-Méygret, sous-préfet à Béziers. 755 victimes indemnisées.

Garonne (Haute). — Bret, préfet; Reveux, général; Dufresne, procureur général. 107 victimes indemnisées.

Gers (*). — Lagarde, préfet; Géraudon, général de brigade; Saint-Luc Courbarieu décoré pour avoir trahi la parole jurée aux défenseurs de la loi. 613 victimes indemnisées.

Gironde (*). — Hausmann, plus tard préfet de la Seine; Bourjolly, général; Devienne, procureur général. 59 victimes indemnisées.

Hérault (*). — Durand St-Amand, préfet; Rostolan, général; Dessauret, procureur général. Commission militaire: Dillon chef d'escadron; Siguemortes et Rambaux, capitaines. Les colonels Dumont,

Baucheter, présidents des conseils de guerre qui condamnèrent à mort 20 défenseurs du droit et de la loi. Le commandant Bourey et le capitaine Dauvergne, commissaires de ce tribunal de sang. De leurs milliers de victimes, 1067 seulement survivaient en 1882 et furent indemnisées.

Ille-et-Vilaine. — Une victime indemnisée

Indre. — Berger, préfet; Villers, colonel; Protade Martinet, procureur. 92 victimes indemnisées.

Indre-et-Loire. — Adrien Brun, préfet; Courtigis, général; Miron de l'Espinay, procureur. 58 victimes indemnisées.

Isère (*). — Chapuis Montlaville, préfet; Hughes, général; Massot, procureur. 109 victimes ont été indemnisées.

Jura (*). — Chambrun, préfet; Charlier, lieutenant-colonel; Jeannez, procureur. 219 victimes ont été indemnisées.

Landes. — Jaubert; Neveu, chef de bataillon; Dupeyré, procureur. 27 victimes indemnisées.

Loir-et-Cher (*). — Chambaron, préfet; Aucher, procureur. 79 victimes indemnisées en 1882.

Loire (*). — 67 victimes indemnisées.

Loire (Haute). — Girard, préfet; Malbet, procureur; Depannis, chef de bataillon. 50 victimes indemnisées.

Loire-Inférieure. — 6 victimes indemnisées.

Loiret (*). — Debessey, préfet; Leserrurier, procureur; Grand, général de divison. 315 de leurs victimes furent indemnisées.

Lot (*). — Duhamel, préfet; Pellagot, colonel; Le Sueur de Perez, procureur; 151 de leurs victimes indemnisées.

Lot-et-Garonne (*). — Preissac, préfet; Tatareau, général; Sorbier, procureur. 845 de leurs victimes furent indemnisées.

Lozère. — 22 victimes indemnisées.

Maine-et-Loire. — Vallin, préfet; d'Augel de Kleinfeld, général; Valleton, procureur. 46 victimes indemnisées.

Manche. — 9 victimes indemnisées.

Marne. — 89 victimes indemnisées.

Haute-Marne. — Froidefond, préfet; Gavaudan, capitaine; Lorenchez, procureur. 60 victimes indemnisées.

Mayenne. — Luçay, préfet; Lamarque, chef de bataillon; Grosbois, procureur. 15 victimes indemnisées.

Meurthe. — Sivry, préfet; Poilloue Saint-Marc, général; Garnier, avocat général.

Moselle. — Malher, préfet; Marey-Monge, général; Gérando, procureur.

La France, en 1851, possédait ces deux départements, mais après son dernier crime, la guerre de 1870, Napoléon ne lui en a laissé que des portions qu'on a réunies en un seul département nommé : Meurthe-et-Moselle. Ce département a eu 77 victimes indemnisées.

Meuse. — Langlois, préfet; Bertin de Vaux; Besson, colonel; Bessenot, procureur. 19 victimes indemnisées.

Morbihan. — 10 victimes indemnisées.

Nièvre (*). — Petit Lafosse, préfet; Pellion, général; Métairie, procureur; Ponsard, secrétaire du préfet; Carlier, ex-préfet de police et Canrobert tous deux commissaires extraordinaires; Corbin, procureur général, qui fit assaut de violence avec Pujo de Lafitole. L'arrondissement et surtout le canton de Clamecy, furent cruellement éprouvés. Plus de 2,000 citoyens furent arrêtés après l'arrivée des soldats de Canrobert et Vinoy. Un Conseil de guerre, présidé par le colonel Martimprey, rendit les condamnations suivantes contre les défenseurs de la loi, savoir : 6 à mort, dont deux furent exécutées, 7 aux travaux forcés à perpétuité, 3 aux travaux à temps, 28 à la déportation dans une enceinte fortifiée, 16 à la déportation simple, 5 à la détention, et 3 à la surveillance, une Commission militaire composée de La Serre, lieutenant-colonel; Brocq; Lemaire, capitaines; Maurel, greffier, condamnait 312 citoyens à la déportation à Cayenne et 222 à la transportation en Afrique. Dans cette orgie de sang et de vengeance se sont particulièrement distingués; la plupart ont été dés...honorés... décorés ; Marlière, sous-préfet ; de Marcy, Pagnon, Rambour, capitaines, louvetiers; Maillet, Labour, Dompierre, gendarmes; le commandant Vinoy; le capitaine Sajou; Faulquier, président; Hardouin, Raveneau, juges; Beauregard, procureur; Hachet, Dézors, greffiers; Moret; Coquard, Domont, avoués du tribunal, ce dernier voulait un navire à bascule pour noyer les transportés. Lagénissière, pharmacien; Lebœuf, escompteur; Cambon, commissaire; Cabarra, Relat, Raoul et Jeansiot, ses agents; Ruby, conducteur de travaux — le seul homme de courage trouvé par Marlière (il fit un trou dans le toit de la Providence par où s'échappèrent Viliers et Raveau, deux défenseurs de l'ordre, pour aller se cacher chez le citoyen Bougon qui fut transporté deux fois pour cet acte d'hospitalité); Boudin, maire à Dornecy; Thibault, maire à Donzy; Marie, maire à Armes; Deschaîntres, médecin et Dervault à Brèves; Pautras, instituteur à Trucy; Toustain, juge à Cosne, etc.; plus de 1,740 de leurs milliers de victimes furent indemnisées.

Nord. — Besson, préfet ; d'André, général; Camescasse, procureur. 105 victimes indemnisées.

Oise (*). — Raudoin, préfet; Pilhan de la Forest; procureur; Mouchy, sénateur. 32 victimes indemnisées.

Orne. — 5 victimes indemnisées.

Pas-de-Calais. — Combes-Sieyès, préfet; Bois le Comte, général, Blondel et Pagard, procureurs. 32 victimes indemnisées.

Puy-de-Dôme. — Crèvecœur, préfet; Ballon, général; Desèze, procureur-général; Jacquemin, général. 273 victimes indemnisées.

Pyrénées (Basses).—Cambacérès et Fournier, préfets; Grammont, général; Moulon, procureur-général. 26 victimes indemnisées.

Pyrénées (Hautes). — Massy, préfet; Morin, colonel; Fourcade, substitut. 20 victimes indemnisées.

Pyrénées-Orientales. —Pougeart-Dulimbert; Rambaud, général; Legrand, procureur. 979 victimes indemnisées.

Rhin (Bas) (*). — West, préfet; Walder Freudenstein, général; Alexandre, procureur.

Rhin (Haut). — 18 victimes indemnisées. Napoléon III nous a fait perdre aussi ces deux départements.

Rhône. — De Vincent, préfet; Mélinet, général; Gilardin, procureur-général. 259 victimes indemnisées.

Saône (Haute). — 12 victimes indemnisées.

Saône-et-Loire. — Romand, préfet; Porion, chef de bataillon du génie; Noblesse, procureur. 467 victimes indemnisées.

Sarthe. — Migneret, préfet; Duringer, colonel; Dubois, procureur. 186 victimes indemnisées.

Seine-Inférieure. — Ernest Leroy, préfet; Gudin, général; Daviel, procureur-général. 38 victimes indemnisées.

Seine-et-Marne. — Rilliet, général; Belurgey, sous-préfet; Vieillot, président du tribunal civil de Meaux; Houzé et Duquesne, curés de Provins. 91 victimes indemnisées.

Seine-et-Oise. — Arighi, préfet; Guérin, procureur; Feray, ex-maire d'Essonne. 48 victimes indemnisées.

Deux-Sèvres. — Sainte-Croix, préfet; Lyon, colonel; Savary, procureur. 52 victimes indemnisées.

Somme. — 57 victimes.

Tarn. — 73 victimes indemnisées.

Tarn-et-Garonne. — Dufay Launaguet, préfet, ami intime de Leroy, dit St-Arnaud, émule de tous ses vices et de ses infamies; Bourgade, général; Gayral, procureur. 35 victimes indemnisées.

Var (*). — Pastoureau, préfet; Levaillant, général; Bigorie, procureur. 3,405 de leurs victimes ayant survécu 30 années, furent indemnisées.

Vaucluse (*). — Fririon, colonel, condamné pour concussions; Antest, général; Vinoy, colonel. 768 victimes indemnisées.

Vendée. — Une victime indemnisée.

Vienne. — Jeanin, préfet; Montrond, colonel; Caby, commandant de gendarmerie; Duverger, avocat; Damey, procureur général; Rochemonteix, Dupont, curés. 27 victimes indemnisées.

Vienne (Haute). — Mentque, préfet; Dufour-d'Antist, général; Marnas, procureur général. 136 victimes indemnisées.

Vosges. — Depercy, préfet; Pouilloue St-Mars, général; Bompart, procureur. 40 victimes indemnisées.

Yonne (*). — Ornano, préfet; Cheffontaine, colonel; Benoit, procureur; Carlier, toujours Carlier! 695 victimes indemnisées.

Alger. — 3 victimes.

Oran. — 5 victimes.

SUSPECTS DE 1858 TRANSPORTÉS

Le 14 janvier 1858, un Italien, Orsini, ancien député à la Constituante de Rome, aidé de trois de ses concitoyens, jeta des bombes sur la voiture de Napoléon III. Il fut arrêté avec ses aides. Seuls ces quatre Italiens avaient exécuté, préparé, connu l'attentat.

Napoléon se vengea de ces quatre Italiens sur les Français. Il donna l'ordre aux préfets d'arrêter dans leurs départements les citoyens paisibles, suspectés de « garder au fond de leur cœur des souvenirs et des espérances républicaines. »

Plus de deux mille citoyens furent jetés en prison, beaucoup à la date anniversaire du 24 février. Ils furent ou chassés de France ou transportés en Afrique, à Cayenne. Deux mille victimes à ajouter à celles du 2 décembre 1851.

CONCLUSIONS!

En 1851, ils ont foulé aux pieds les lois; les français, leurs concitoyens:

En 1870, ils ont été foulés aux pieds des chevaux prussiens.

En 1851, ils ont trahi leurs serments, livré la République pour de l'argent;

En 1870, ils ont trahi, livré la France aux Prussiens.

Le coup d'Etat de Napoléon Ier en brumaire (les 10 et 11 novembre 1799), a eu pour conclusion l'invasion étrangère, Waterloo, la mort de Napoléon Ier à Sainte-Hélène, celle de son fils unique en Autriche;

Le coup d'Etat de Napoléon III, le 2 décembre, a eu pour conclusions l'invasion prussienne, Sedan, la mort de Napoléon III en Angleterre (à Chislehurst), celle de son fils unique en Afrique, tué par les Zoulous.

Les crimes ont leur tour!

J.-B. Bocquet, secrétaire de « La Famille des Proscrits de 51-58 »
22, avenue des Gobelins, Paris.

Paris. — Imprimerie MOQUET, rue des Fos.es-St-Jacques, 11.

www.ingramcontent.com/pod-product-compliance
Lightning Source LLC
LaVergne TN
LVHW052042160826
845678LV00003B/1478

* 9 7 8 2 3 2 9 6 3 1 0 9 7 *